AF563015

№ 6331

NOUVEAU MODE D'ORGANISATION

DE

LA COMMUNE

SOUMIS A L'APPROBATION

DES MEMBRES DU GOUVERNEMENT

ET

AUX ÉLECTEURS DE PARIS

PAR

J.-P. BERTRAND

Ancien élève de l'École normale, *Breveté.*

Lb 57
542

PARIS

CHEZ TOUS LES LIBRAIRES

ET MARCHANDS DE JOURNAUX

Octobre 1870

Imp. nouvelle, rue des Jeuneurs, 14. — G. Masquin et Cie.

NOUVEAU MODE D'ORGANISATION

DE

LA COMMUNE

SOUMIS A L'APPROBATION

DES MEMBRES DU GOUVERNEMENT

ET

AUX ÉLECTEURS DE PARIS

Depuis que le son lugubre plus effrayant que celui du tonnerre retentit à mes oreilles en me faisant sentir de si près les horreurs de la guerre dont je n'avais, jusqu'ici, qu'entendu raconter, en frémissant, les révoltants effets; depuis que l'appréhension d'une révolte intestine et la famine prennent des proportions inquiétantes, je me représente les époques les plus cruelles de l'histoire.

De toutes parts, dans toutes les conversations, au lieu d'entendre parler commerce, industrie, progrès; c'est désolation, préparatifs sinistres, destruction de l'humanité par l'humanité, sous le glaive de la MONARCHIE.

Un des moyens demandés pour atténuer la gravité de ces craintes, c'est l'élection municipale de Paris, vulgairement appelée LA COMMUNE; mais la commune, par les divers rôles, les diverses attributions qu'elle pourrait avoir a été interprétée comme devant produire des conséquences opposées au but que l'on voulait atteindre. Après avoir étudié les tendances diverses, je n'ai trouvé au fond du principe discuté, qu'un défaut d'appréciation plutôt qu'une discorde réelle.

Le moment suprême de nous entendre, de nous unir intimement est sonné ; sachons mettre un frein à la vanité souvent frivole de nos prétentions politiques ; attendons un peu plus patiemment que la perfection des lois qui doivent faire de ce monde un paradis terrestre, puisse être mise à l'ordre du jour ; mettons donc tous un peu d'eau dans notre vin et unissons-nous en criant: VIVE LA FRANCE !... VIVE LA RÉPUBLIQUE !...

Permettez, chers lecteurs, que je calme votre émotion, en vous racontant un fait qui s'est passé dans mon village et qui vous montrera le bonheur de l'union que je voudrais voir régner parmi vous.

Mon père avait jadis un gros chien ordinairement en guerre avec celui du voisin d'en face : un jour rigoureux d'hiver, la faim fit sortir le loup du bois (il y a des loups dans mon pays montagneux); un loup, dis-je, s'approche, fait plusieurs évolutions dans le voisinage des mâtins dont l'aspect semblait lui promettre un repas savoureux. Que font les deux chiens en apercevant cet ennemi commun : ils se regardent d'un œil étincelant, et ce regard est une délibération instantanée, une union de la plus étroite fraternité qui va leur donner la victoire. En effet, la mort du loup est le résultat de la bataille; séparés, ils auraient été mangés l'un après l'autre.

Depuis que j'entends les hurlements d'un autre loup, d'un loup qui ne cherche pas à assouvir sa faim ardente avec une chair quelconque, mais bien avec du sang humain.

Le fait que je viens de rappeler se présente sans cesse àm a mémoire ; mais comment l'appliquer, dans notre lutte, avec les Prussiens.

Animé de cette pensée, je me suis dit : Il faut faire de la propagande ; mais je n'ai jamais été orateur et ma faible instruction élémentaire est un obstacle à l'expression positive de mes sentiments.

Cependant une citation que j'ai retenue, m'a déterminé à mettre la main à l'œuvre. La voici :

Ce que l'on conçoit bien s'énonce clairement,
Et les mots pour le dire arrivent aisément.

Le renvoi de la décision, prise par le Gouvernement de la Défense nationale, qui avait fixé les élections municipales de Paris au 28 septembre dernier, a déplu à quelques citoyens impatients de voir LA RÉPUBLIQUE, tant désirée et si chèrement acquise, se constituer positivement.

Ce désir et celui de chasser les Prussiens de notre territoire, a d'abord été unanime dans tout Paris.

Ces deux grandes conquêtes : *la République et la Victoire contre les Prussiens*, sont dans un grand péril aujourd'hui; la crainte de perdre la première est un sérieux obstacle au succès de la seconde; chaque jour, chaque minute augmentent ce péril.

Les plus fervents patriotes exposent des systèmes différents pour atteindre le même but, mais ces systèmes sont opposés.

Ceux qui sont de l'avis du Gouvernement pour reculer les élections municipales de Paris, répondent à ceux qui les réclament sans retard, qu'ils font l'affaire des Prussiens, donnant pour motif qu'il faut mettre tout notre temps, toutes nos préoccupations au combat.

Ceux qui les demandent sans délai, répondent aux premiers qu'ils réjouissent *Guillaume et Bismarck*, alléguant que nous sommes sans ordre, étant sans pouvoir national constitué légalement.

Je viens donc, gouvernants et gouvernés, soumettre à vos lumières, à votre patriotisme, à votre approbation le système qui suit :

Heureux et fier, si les moyens que je présente sont fortifiés par votre assentiment; car la réussite devenant ainsi certaine, nous aurons tous contribué à sauver notre patrie, à fonder et à fortifier la République française et à préparer l'anéantissement du despotisme dans l'Europe entière.

LA COMMUNE

Depuis la déchéance de l'empire, on ne s'entretient partout que de la Commune; l'ordre du jour des réunions républicaines, c'est la Commune; la cause des troubles et des divisions politiques, c'est aussi la Commune; celle des manifestations armées qui ont eu lieu à l'Hôtel-de-Ville, c'est toujours la Commune.

Qu'est-ce donc que la Commune; nom si ancien et si populaire dans les campagnes, il semble n'avoir pas la même signification dans la capitale.

La Commune, c'est, d'après les uns, les élections municipales de Paris, conformément au principe républicain; l'opposé du gouvernement personnel, tel que celui de notre ex-empereur.

La Commune, c'est, d'après d'autres, un gouvernement provisoire républicain élu par toute la population parisienne, en attendant la Constituante qui aurait dû être appelée à la hâte par le gouvernement qui s'est intitulé Gouvernement de la Défense nationale, titre qui ne détermine aucun régime; tous les gouvernements, en effet, ne doivent-ils pas défendre leur nationalité? Cependant, nous avons désiré depuis des années, et nous l'avons prouvé par une acclamation unanime, le 4 septembre : soit au Corps législatif, soit à l'Hôtel-de-

Ville, partout enfin on criait : *Vive la République!* après l'affaire de Se lan; car, en ce moment, au lieu de déplorer une si grande défaite, on a considéré la prise dc Napoléon III, comme nous dédommageant largement des pertes que la France a éprouvées.

La Commune, c'est, d'après de sages républicains, un auxiliaire au Gouvernement, qui ne peut veiller suffisamment et méthodiquement, en même temps, aux affaires de la guerre qui lui sont spécialement dévolues et aux affaires publiques, surtout en ce moment où les unes comme les autres sont si multipliées et si urgentes, notamment des mesures équitables sur l'alimentation et la surveillance des spéculateurs inhumains qui profitent des besoins et de la misère de la classe ouvrière pour s'enrichir; délit plus coupable, dans un moment si critique, que l'assassinat.

La Commune, c'est encore une organisation d'une municipalité nommée par le suffrage universel et s'occupant de l'administration municipale, et servant d'interprète à la population auprès du Gouvernement.

Cette municipalité aurait à s'occuper des questions d'alimentation, de la répartition des secours, des enquêtes à faire sur chaque famille, sur chaque citoyen, de l'armement et l'habillement des gardes nationaux, etc. Cette administration ainsi nommée, remplacerait avantageusement les comités organisés spontanément au lendemain du 4 septembre, et qui, dans chaque arrondissement, s'occupent des détails du service administratif.

Dans les comités spontanés qui fonctionnent actuellement, et bien que beaucoup de leurs membres soient très dévoués, il y a des abus criants, des abus qu'on peut appeler délits, en temps ordinaire, et crimes dans les moments si critiques où nous sommes : l'enquête qui se fait à la mairie du XIVe arrondissement, en est

BIBLIOTHÈQUE NATIONALE R.F. IMPRIMÉS

spécialement un exemple qui pourra donner l'éveil pour en faire découvrir d'autres encore inconnus.

Outre les abus administratifs, il y a des abus particuliers nombreux; par exemple, il y a des tailleurs qui sont, en même temps, acheteurs du drap et confectionneurs, c'est-à-dire qu'ils cumulent le contrôle, l'administration et l'entreprise.

En outre, cette organisation a trois autres inconvénients :

1° La plupart des membres de ces comités sont peu compétents et pas assez spéciaux ;

2° Ils ne sontpas assez nombreux, et, par conséquent, peu au courant des besoins de chaque localité ;

3° N'ayant qu'un simple mandat, un mandat inconstitutionnel, ils n'y attachent qu'une faible importance, et pourtant, ils se servent de leur position pour favoriser les uns au détriment des autres, en commençant par se faire la part du lion. Je connais une maison où une famille a reçu trois fois plus de vivres qu'il ne lui en fallait, tandis qu'une autre famille dans la même maison, une veuve ayant cinq enfants, n'avait pas reçu le quart du nécessaire ; cette pauvre femme n'avait ni le temps ni la volonté d'aller surprendre la faiblesse ou l'inexpérience des employés.

La confusion du nombre et la précipitation du service amènent à ce résultat. C'est, dès lors, le désordre au lieu de l'ordre, en un mot, le gaspillage. Est-ce par là que doivent commencer les bienfaits de la République ?

Ce qui aurait dû guider cette organisation, c'est ce qui se fait aux *États-Unis* : Dans ce pays, la commune est administrée de telle façon que tous les travaux publics, l'instruction, la perception de l'impôt, les détails administratifs sont faits et surveillés par les citoyens eux-mêmes, ou par des comités nommés par eux.

On nous a promis l'élection de la Commune, mais

après l'expulsion des Prussiens, c'est-à-dire lorsque cette élection sera bien moins urgente que dans le moment actuel ; ce qui sera alors une bonne mesure, c'est aujourd'hui une nécessité, c'est peut-être un préservatif contre la mort par la famine. Voici la consolation promise en reculant les élections jusqu'à ce que les Prussiens aient évacué le sol français : les élections seront mieux faites alors, on pourra bien choisir les élus ; les élus qui seront au Paradis céleste et les électeurs qui seront je ne sais où.

Consolez-vous donc, Parisiens, et soyez satisfaits parce qu'on a reconnu l'urgence de la Commune ; parce que cette urgence est tellement accentuée qu'il faut bien la faire, y apporter tout le développement possible, ce qui ne pourra se faire convenablement qu'à l'époque désignée. Il n'y a que les lumières de ce siècle qui puissent arriver à ce progrès. Ayons confiance dans l'avenir ; ne soyons pas alarmistes, laissons faire au hasard ; nous avons assez des Prussiens pour occuper toutes nos préoccupations, toute notre intelligence, tout notre temps ; pendant que nous irions porter notre bulletin de vote à la section électorale, Bismarck prendrait vite sa lorgnette, et nous voyant à la salle occupés du depouillement du scrutin, viendrait vite avec son armée nous égorger sans tambour ni trompette. Ayons donc confiance, faisons comme Strasbourg et Toul ; on nous portera des couronnes d'immortelles sur la place de la Concorde, et on élèvera une colonne qui s'appellera colonne de Novembre ou de Décembre à la place de la colonne de Juillet. Il vaudrait mieux que ce soit colonne de Décembre, car cela perpétuerait en notre honneur deux mémoires, celle de fin d'année et celle de fin de notre vie en combattant si énergiquement, si bravement, si patriotiquement, que nous n'aurons pas perdu une minute aux élections, afin de combattre sans trêve ni relâche ; les jours ou les heures que nous ne sommes pas de service, il faut bien nous reposer, afin d'avoir plus de vigueur pour tuer beaucoup de Prussiens. C'est là le but qu'il faut atteindre, sans nous occuper ni d'élection ni d'alimentation : la gaieté, l'enthousiasme, c'est de la tactique politique. Quelle élévation de l'intelligence!

Faisons de belles phrases, de beaux discours, — employons des mots bien choisis; c'est une alimentation bourgeoise, plus que bourgeoise, c'est de la haute volée. Est-ce bien là notre défaut à tous, depuis le premier ministre jusqu'au plus simple ouvrier?

Voici maintenant le mode que je propose au sujet de l'élection de la Commune.

La Commune, dans Paris, devrait être, surtout en ce moment, celle des communes rurales, qui est identique à l'organisation des *États-Unis* : une administration restreinte pouvant facilement connaître les besoins de son ressort. La famine et le froid qui nous menacent ne sont-ils pas une préoccupation extrême pour les pères et mères de famille pauvres spécialement, et pour tous en général?

A une époque indéterminée on procédera à l'élection municipale ; mais jusqu'alors à quelles angoisses n'exposez-vous pas les malheureux qui redoutent les suites que j'ai laissées entrevoir plus que le canon qui tonne : celui-ci menace de la mort instantanée par les projectiles, celle-là fait craindre la mort longue, la mort par la rage, la mort par la famine.

Les personnes qui sont convenablement approvisionnées sont généralement celles qui ne veulent pas des élections en ce moment; mais la classe ouvrière, la classe indigente dont le désir ne peut s'élever jusqu'à l'intérieur de l'Hôtel-de-Ville sont délaissées ; leur humilité et leur faiblesse empêchent leurs lamentations d'arriver jusqu'au Gouvernement, dont le cœur humain et paternel condescendrait à leurs misères.

En effet, quels sont ceux qui renvoient les élections à la fin de la guerre ?

Ce doit être les rentiers, les commerçants, les employés en fonction, tant dans l'industrie privée que dans les administrations publiques, généralement ceux qui ne craignent guère les causes que je viens soumettre aux méditations des membres de la Défense nationale.

L'élection, comme je viens la proposer, n'est pas si longue ni si difficile qu'on le présume, avec un peu de bonne volonté et de la vigilance, on peut aller vite en besogne sans nuire le moins du monde aux opérations militaires, aux balles et autres projectiles qui doivent atteindre les pauvres esclaves de Guillaume et de Bismarck, qui jouent le même rôle que les Français avant la bataille de Sedan. Voici comment :

La France est divisée en départements qui ont pour chef un préfet : un département se compose d'arrondissements, de cantons et finit par la commune. Une commune se compose d'un petit territoire dont les habitants se connaissent tous, en fortune et en intelligence, et peuvent désigner leurs administrateurs sans professions de foi dont la sincérité est souvent douteuse. L'élection municipale peut être faite de la veille au lendemain. En divisant Paris ainsi, on aura à peu près les mêmes avantages.

Qu'une mairie d'arrondissement soit considérée comme une sous-préfecture, qu'une section électorale s'appelle commune, cette division de Paris est faite depuis longtemps, et le tableau des électeurs est préparé, dans la prévision de l'élection annoncée pour le 28 septembre dernier, servirait parfaitement dans le système que je viens d'émettre.

Maintenant, quel temps faut-il à un électeur pour porter son bulletin de vote à sa section électorale (à la nouvelle commune) ; ceux qui sont de service ne peuvent-ils pas, avant ou après leur tâche, remplir ce devoir sans inconvénients dangereux pour la Patrie ? Ne peuvent-ils pas en se concertant avec leurs voisins, leur amis résidant dans la même section, faire un choix de douze membres pour l'élection de la nouvelle commune ; l'élu à la plus forte majorité remplirait les fonctions de maire ; le suivant celui d'adjoint ; et en cas d'empêchement du maire et de l'adjoint, celui qui réunirait le plus de suffrages, après le maire et l'adjoint, remplirait momentanément cette fonction, et ainsi de suite. Une deuxième liste serait faite pour l'élection de quatre membres qui rempliraient dans chaque mairie actuelle, les fonctions analogues à celles de sous-préfet qui auraient pour principale mission de servir d'interprète à l'administration municipale auprès de la nouvelle préfecture. Une troisième liste, enfin, comprendrait dix-huit membres pour la mairie centrale qui serait l'ancienne préfecture. Une seule et même élection avec trois bulletins suffirait à l'établissement de la Commune telle que je la présente. En un mot, une municipalité qui se rapporterait à celle des États-Unis.

Quant à la longueur des préparatifs d'une élection, elle peut être abrégée par la suppression des formalités surannées et inutiles, et par la force définitive à une majorité obtenue par un candidat. Je ne demande au Gouvernement qu'un simple mot de trois lettres : OUI.

La Commune, tant demandée, organisée ainsi, ne satisferait sans doute pas pleinement ceux qui la désirent sous une autre forme, ayant un tout autre rôle qui pourrait amener une bataille intestine. Mais comme il est impossible de plaire à tout le monde et à son père, le moyen que je présente cicatriserait d'abord bien des blessures de l'amour-propre dans le cœur de zélés patriotes dont le concours est urgent, en ce moment surtout, pour l'union que nous devons avoir ; car si l'union fait la force et le bonheur des familles, elle fait également la force et le bonheur des nations.

Tout le monde sait que la France se nommait autrefois la Gaule : les Gaulois n'ont pu être vaincus que par les Romains. Jules César n'a pu s'emparer du seul des États qui lui résistait qu'en suscitant la discorde dans la Gaule. Guillaume et Bismarck veulent faire comme Jules César ; ne nous laissons pas prendre à ce piége comme l'ont fait les Gaulois.

Unissons-nous donc le plus étroitement possible en imposant une règle commune à nos divers systèmes politiques ; c'est le meilleur moyen de renvoyer honteusement Guillaume et Bismarck en Prusse, s'ils ne sont pas enterrés en France.

Les plus fervents patriotes craignent fortement que les manœuvres cachées des réactionnaires, jointes à ce que des journaux anglais avaient supposé, en nous annonçant l'espoir qu'avait encore Napoléon III de reprendre son empire, vu qu'il prétend n'avoir pas cessé légalement, fait désirer plus ardemment la Commune, objet de la présente.

On sait bien que Paris n'est qu'une partie de la nation française, que, dès lors, la Commune demandée n'aplanirait pas cette lacune ; mais on a l'espérance qu'une fois cette Commune élue, son premier acte serait de s'entendre avec le Gouvernement de la Défense nationale pour procéder, tant bien que mal, à la nomination des membres de l'Assemblée constituante, qui se réunirait immédiatement à Tours ou dans une autre ville que l'on désignerait. Dès lors notre République, si chèrement acquise, ne serait plus comparée à un gouvernement mort-né.

Ces élections, tant à Paris qu'en province, faites à la hâte, n'auraient pour effet que les causes doublement urgentes et doublement permanentes développées ci-dessus ; elles seraient refaites plus régulièrement trois mois après que les Prussiens auraient évacué le sol français; je mets trois mois, afin d'avoir le temps de bien préparer alors les élections définitives.

Bien que ces élections soient faites à la hâte, elles n'en auraient pas moins toute la forme constitutionnelle : Qui fait ce qu'il peut, fait ce qu'il doit.

Si alors ce Gouvernement voulait entrer en pourparler avec Guillaume et Bismarck, il n'aurait pas besoin pour cela d'offrir ni l'A'sace, ni la Lorraine, ni le Mont-Valérien. Le Gouvernement de la Défense nationale serait alors déchargé d'un bien lourd fardeau, car malgré sa bonne volonté, le poids doit dépasser ses forces; car supposons pour un moment que, malgré son intelligence et son zéle, il succombe en présence de la tactique connue de l'armée prussienne, qu'arriverait-il? Je laisse à deviner cette réponse.

Les élections que je propose donneront prise à bien des objections; mais qu'y faire, quand il y a force majeure; entre autres inconvénients, on pourra citer les représentants mal choisis, sans préparation, sans bien connaître les plus capables par leurs discours, leurs professions de foi, sinon orale, au moins écrite. A ce sujet, je réponds :

Les discours et les affiches nous ont trop souvent justifié les appréciations que l'on doit en faire; c'est d'ordinaire une échelle que les orateurs construisent afin d'arriver au dernier échelon de la gloire, de l'honneur; et, si l'élection que je présente peut avoir l'inconvénient de n'être pas assez mûrie, elle a en compensation la bonne foi, la confiance aux personnes qui ont donné des preuves irrécusables de leurs opinions politiques et de leur talent, ce qui doit être préférable aux promesses dont il ne reste presque toujours de réel que la colle qu'on n'a pu enlever le lendemain pour approprier les murs dont ils étaient salis.

L'on dit ensuite pour abréger la discussion; le Gouvernement a donné droit à la majorité qui a trouvé que les élections n'étaient pas possibles en raison des motifs donnés.

Cette majorité qui peut exister aujourd'hui, parce qu'elle suit le courant administratif, est la majorité de la Chambre des députés qui ont siégé sous l'empire; c'est la majorité des oui, c'est la confiance ou la complicité du traître Ollivier.

Je condamne la manifestation trop précipitée et menaçante du citoyen Flourens, mais je ne le condamne que comme un délit semblable à celui qui a fait livrer le député Rochefort à Grand-Perret, complice et successeur de ce charlatan, considéré comme l'astre lumineux de la droite de la Chambre, qui a dit : « Nous sommes la modération, nous sommes la justice, et au besoin nous saurons être la force. » Insensé, réactionnaire, perturbateur aujourd'hui, sage, prévoyant, intrépide et zélé défenseur de la vraie République quand le soleil du 4 septembre aura éclairé et dissipé de nuages inconnus, cachant à notre franche et naïve crédulité les voiles qui nous empêchent de prévoir la fourberie calculée sur notre ignorance.

Gouvernants et gouvernés, cette pensée ne mérite-t-elle pas une sérieuse appréciation; la conduite applaudie maintenant de Rochefort et celle de Flourens critiquée, ne sont ici en scène que comme un exemple sur le cas que l'on doit judicieusement faire de la majorité en politique, jusqu'à ce que le peuple soit instruit sur les véritables bases qui lui assureront le bien-être et la paix dans l'avenir. La minorité de la gauche a pris la place de la droite, et la plus petite de cette majorité (Rochefort), est peut-être maintenant le porte-drapeau de ceux qui n'osaient à peine s'asseoir près de lui sur les bancs de l'opposition.

La surexcitation, la fougue maladroite attribuée à Flourens, en raison des circonstances actuelles, n'aurait-elle pas été conçue par la crainte que le génie suprême du mal s'associant peut-être à d'autres férocités qui peuvent lui donner la force qui lui manque aujourd'hui pour achever le carnage et la ruine d'une nation accusée de vouloir donner la liberté et secouer le joug des tyrans dans le monde entier.

O vous, qui protestez fièrement, en termes humiliants contre les partisans des élections immédiates pour mieux les faire après que nous nous serons débarrassés des Prussiens : Réfléchissez,réfléchissez !

Réfléchissez deux fois sur cette mesure, deux fois urgentes, deux fois nécessitées au plus haut degré, car ceux qui auront souffert ou succombé, à l'époque remise, non par défaut du moyen invoqué dont l'urgence vient de le faire mettre à exécution, mais bien par le manque d'un personnel suffisant et irrégulièrement constitué, n'auront plus besoin de la commune pour cette mission ; ceux qui n'ont pas à se préoccuper de ce premier cas, spécial à la classe pauvre, ne pourront, je ne le désire pas, mais il faut le craindre, ne pourront dis-je, peut-être pas, ni constituer la République, ni élire la Commune, ainsi que je viens d'en faire entrevoir la possibilité qui prend chaque jour une nouvelle consistance.

A une réunion ayant pour objet le choix d'un député, sur une interpellation faite, par les représentants des candidatures ROCHEFORT et CANTAGREL, au candidat dont les promesses, sur divers points, étaient démenties par des votes faits précédemment à la Chambre, notamment au sujet de nos soldats pour la défense du Pape, il fut répondu : *tout bon cheval bronche.*

Cette réunion est celle qui a eu lieu, l'année dernière, rue Boulard ; ce candidat qui a eu la franchise de ne pas dissimuler que l'homme n'est pas parfait en avouant son tort : c'est JULES FAVRE.

Cette franchise, sans doute, ~~plutôt qu~~ l'éloqence de son discours, lui valut la majorité des suffrages.

IMP. NOUVELLE, 14, r. des Jeuneurs. — G. Masquin et Cie

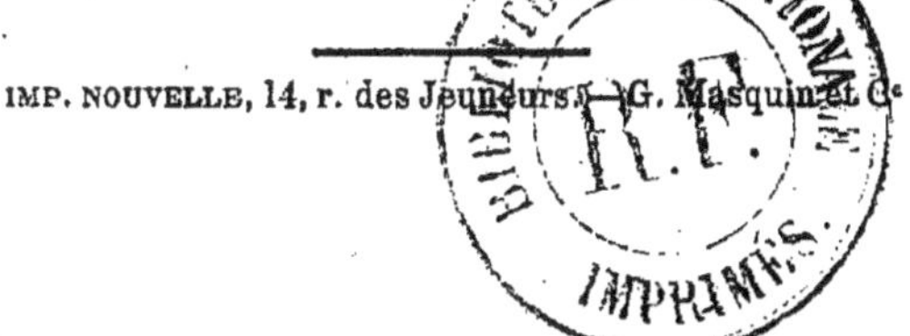
BIBLIOTHÈQUE NATIONALE R.F. IMPRIMÉS
130

www.ingramcontent.com/pod-product-compliance
Lightning Source LLC
LaVergne TN
LVHW010317230826
846091LV00009B/3712